Madleen Wendt

Charakterisierung von Marquis Posa in Schillers „Don Carlos"

GRIN Verlag

Bibliografische Information der Deutschen Nationalbibliothek:

Die Deutsche Bibliothek verzeichnet diese Publikation in der Deutschen National-
bibliografie; detaillierte bibliografische Daten sind im Internet über http://dnb.d-
nb.de/ abrufbar.

Impressum:

Copyright © 2011 GRIN Verlag GmbH
Druck und Bindung: Books on Demand GmbH, Norderstedt Germany
ISBN: 978-3-656-60525-6

Dieses Buch bei GRIN:

http://www.grin.com/de/e-book/269775/charakterisierung-von-marquis-posa-in-
schillers-don-carlos

Charakterisierung von Marquis Posa in Schillers „Don Carlos"

In dem Drama „Don Karlos" von Friedrich Schiller, dessen Leitmotive Vertrauen und Verrat sind, geht es um die politische Verschwörung des Marquis Posa, der im Folgenden charakterisiert werden soll.

Der Marquis Posa, eine wichtige Figur des zu behandelnden Stücks, weist einen widersprüchlichen Charakter auf. Auf der einen Seite ist er idealistisch; ihm liegt an Gerechtigkeit, doch auf der anderen Seite ist er auch egoistisch und skrupellos, da Posa nicht davor zurückschreckt, seine eigenen Ziele zu verfolgen. Dies soll nun in chronologischer Vorgehensweise (nach dem Handlungsverlauf des Stücks) und anhand von Zitaten bewiesen werden.

Im 2.Auftritt des ersten Akts tritt Posa das erste Mal in Erscheinung. Posa kehrt nach längerer Zeit nach Spanien zurück, wo er seinen Freund, Don Karlos, wieder sieht. Die beiden verbindet eine herzliche Freundschaft, doch hält Posa trotzdem Distanz, da er im Prinzen den künftigen Herrscher sieht. Als Karlos ihm seine Liebe zu Königin Elisabeth, seiner Stiefmutter, gesteht, erschrickt Posa und mahnt den Freund: „Auf Kaiser Karls glorwürd´gem Enkel ruht die letzte Hoffnung […] stürzt dahin, wenn sein […] Herz vergessen hat für Menschlichkeit zu schlagen" (Vers 165-167). Dann aber ist er bereit ein Treffen zwischen dem Prinzen und der Königin zu vermitteln, denn Posa will Karlos helfen seine aussichtslose Leidenschaft auf die Politik umzulenken. Posa will seinen Freund für den flandrischen Freiheitskampf gewinnen: „Es sind die flandrischen Provinzen, die um Rettung sie bestürmen" (Vers 158). Posa organisiert eine Verschwörung zur Befreiung der Niederland, in der Karl eine wichtige Rolle spielen soll. Darum muss seine Liebe zur Königin in Menschheitsliebe umgewandelt werden, in deren Namen sich Karlos an die Spitze des niederländischen Freiheitskampfes stellen soll. Bereits hier erkennt man, dass Marquis von Posa all sein Handeln auf sein Ziel, die Befreiung von Flandern ausrichtet und dabei nicht davor zurückschreckt, seinen Freund mit allen Mitteln zu überzeugen.

Bei der zweiten Begegnung der beiden (1.Akt, 7. und 9.Auftritt) bietet Karlos dem Freund das Du an. Der Marquis erinnert an den unüberbrückbaren Abstand des Ranges, doch als Karlos an das Herz appelliert, das über Stände hinweg verbindet, willigt Posa schließlich ein: „Wohlan. Ich weiche. Hier meine Hand" (Vers 992). Posa schwört Karlos ewige Treue und lässt sich vom Enthusiasmus des Prinzen beeindrucken, behält aber einen kühlen Kopf, wie man an seinem kurzen Antworten auf die enthusiastischen Reden Karlos´ erkennen kann: „Ja" (Vers 1003) und „Dein Bruder!" (Vers 1013). In dieser Szene sieht man deutlich, wie gegensätzlich die beiden befreundeten Charaktere sind. Karlos ist der Gefühlsmensch und der Marquis der Stratege, der die Zukunft und das Ziel im Auge behält.

Der nächste Auftritt Posas findet im zweiten Akt statt, nachdem Karlos der Fürstin Eboli einen für sich bedeutsamen Brief entwendet hat und diese Neuigkeit voller Hoffnung seinem Freund mitteilen will. Marquis Posa ist zunächst fassungslos, dann enttäuscht, dass Karlos nicht nach Flandern darf, was man aus folgenden Äußerungen entnehmen kann: „Das kann nicht sein. Das ist es nicht" (Vers 2275) und „oh meine Hoffnung" (Vers 2279).

Als er von Karlos hört, dass dieser neue Hoffnung bezüglich seiner Liebe zur Königin hegt, fragt Posa: „Worauf gründet sich dieser neue Fiebertraum?" (Vers 2287), woraus man ersehen kann, dass Posa die Gefühle von Karlos nicht ernst nimmt, die Lieber Karlos` als Schwärmerei abtut. Er ist vielmehr nur darauf bedacht, ihn für Flandern zu gewinnen. Aus diesen Gründen ermahnt der Marquis den Prinzen, er solle aufhören, in der Königin nur sich selbst zu lieben, und solle seine Liebe ausweiten auf die Menschheit. Posa redet seinen Freund ins Gewissen, indem er ihm vorwirft: „Keine Träne dem ungeheuren Schicksal der Provinzen [...] wie arm bist du [...] geworden, seitdem du niemand liebst als dich!" (Vers 2420). Doch macht sich Posa auch Sorgen um den Freund, da er ahnt, dass die gekränkte Fürstin Eboli sich rächen wird. Hier erkennt man Posas Menschenkenntnis, denn er charakterisiert im Verlauf des Gesprächs die Fürstin sehr genau. Am Ende dieses Auftritts erinnert er Karlos noch einmal eindringlich an Flandern, was ein weiterer Indikator dafür ist, wie wichtig ihm diese Angelegenheit ist.

Im weiteren Verlauf des Stücks wird er Marquis zum König gerufen und Posa, von Herzog Alba hereingeführt, beschließt in einem Monolog die Gunst seiner Audienzgewährung zu nutzen und seine politischen Ideen dem König vorzutragen: „Und wär´s auch eine Feuerflocke Wahrheit nur, in des Despoten Seele kühn geworfen" (Vers 2970).

Darauf folgt die Begegnung des absoluten Monarchen mit dem Vorkämpfer für Freiheit und bürgerliche Gleichberechtigung. Der König sucht Hilfe in den Nöten der Eifersucht, er sucht „einen Menschen" (Vers 2809) und er glaubt ihn in Posa gefunden zu haben. König Philipp sucht die Intimität mit Posa, während dieser die Vertraulichkeit für seine Politik nutzen will.

Posa hat sich bisher dem König entzogen und auf Belohnung für vergangene Heldentaten verzichtet, womit er sich seine Unabhängigkeit bewahrt hat. Der König, Unterwürfigkeit gewöhnt, hat es hier mit einem ungewöhnlich stolzen Selbstbewusstsein zu tun. Er äußert sich hierüber: „Viel Selbstgefühl und kühner Mut, bei Gott!" (Vers 2980). Auf Philipps Frage, warum der Marquis dem Dank und den Amtsdienst meide, weicht Posa zunächst aus, antwortet dann aber: „Ich kann nicht Fürstendiener sein" (Vers 2980), was seine revolutionäre und politische Haltung erkennen lässt, da dieser Satz aus der logischen Unmöglichkeit besteht, die sich zwangsläufig aus dem Zusammenstoß von monarchischer Ordnung und autonomer Subjektivität ergibt.

Posa geht es um den eigenen Willen, doch ein Amt würde ihn zu einem Werkzeug einer großen Maschinerie machen. Er will kein bloßes Ausführungsorgan eines höheren Willens sein, vielmehr will er selbst Täter seiner Taten bleiben: „Ich aber soll zum Meißel mich erniedern, wo ich der Künstler könnte sein" (Vers 3030). Posa will nicht zum Mittel fremder Zwecke werden: „Mir hat die Tugend eignen Wert" (Vers 3030). Dabei nimmt Posa die Souveränität in Anspruch, über sein eigenes Leben Herr zu sein. Eine solche Selbstbestimmung ist für Posa das Ziel, das er auch für die Menschheit fordert: „Geben Sie Gedankenfreiheit" (Vers 3225). In diesem Zusammenhang meint Posa auch die Gedankenfreiheit im Sinne von Selbstbestimmung des Menschen durch den freien Gebrauch der Vernunft. Diese Idee setzt ein positives Menschenbild voraus: „Der Mensch ist mehr, als Sie von ihm gehalten" (Vers 3188). Darauf entgegnet der König: „Ich weiß, Ihr werdet anders denken, kennet Ihr den Mensch erst wie ich" (Vers 3293). Der König argumentiert also, die Menschen seien bösartig und eigensüchtig, es werde niemals Frieden zwischen ihnen geben, wenn sie nicht einen schützenden Herrscher über sich haben: „Hier blüht des Bürgers Glück […] und diese Ruhe gönn ich den Flamändern" (Vers 3160). Posa entgegnet, dass ein solcher Frieden nichts anderes sei als die „Ruhe eines Kirchhofs" (Vers 3162).

Während der Audienz, lässt der König einige Mal durchblicken, dass er es eigentlich nicht nötig hat auf die Äußerungen des Marquis einzugehen und zu argumentieren, doch kann er sich der charismatischen Wirkung des Marquis nicht entziehen: „Ich will den Jüngling, der sich übereilte als Greis und nicht als König widerlegen" (Vers 3165). Er bewundert den Mut des Marquis und argumentiert, dass wenn alle Menschen wie Posa wären, man ihnen Gedankenfreiheit zubilligen könne. Doch da Posa nur eine Ausnahme ist, rät ihm der König nur: „Flieht meine Inquisition. – Es sollte mir leid tun" (Vers 3270).

Posa erkennt, dass der König nur ihm Freiheit zubilligen würde, weil er ein düsteres Menschenbild besitzt, was er auch nachvollziehen kann: „Ich höre, Sire, wie klein, wie niedrig sie von Menschenwürde denken […] und mir deucht, ich weiß, wer sie dazu berechtigt. Die Menschen zwangen sie dazu; die haben freiwillig ihres Adels sich begeben, freiwillig sich auf diese niedre Stufe herabgestellt … Wie könnten Sie in dieser traurigen Verstümmlung – Menschen ehren?" (Vers 3092-3107). Dieses Verständnis für den Despot zeugt von der Fähigkeit, sich in andere hineinzuversetzen und Handlungen nachvollziehen zu können, die man selbst nicht billigt. Andererseits zeigt es auch, dass Posa ein sehr großes diplomatisches Geschick besitzt und geschickt versucht den König nicht nur durch Überzeugungskraft zu bezirzen, sondern vielmehr auch durch Einfühlungsvermögen und Diplomatie. So setzt Posa dem Monarchen geschickt den Gedanken entgegen, dass der Mensch erst mit Gebrauch der Freiheit lernt, sie zu nutzen: „Wenn nun der Mensch, sich selbst zurückgegeben, […] der Freiheit erhabne, stolze Tugenden gedeihen" (Vers 3247). Dieses Zitat verdeutlicht das positive, idealistische Menschenbild Posas.

Dennoch scheint der Marquis die Skepsis bezüglich der Freiheitsfähigkeit der Bürger zu teilen, denn so sagt er zu Beginn des Gespräches: „Das Jahrhundert ist meinen Idealen nicht reif" (Vers 3078). Doch da er im Verlauf der Audienz merkt, wie sehr er Philipp in seinen Bann gezogen hat, fordert er vom König die Gedankenfreiheit für alle Bürger sowie die sofortige Befreiung der Niederlande, was zeigt, dass er die scheinbare Skepsis möglicherweise nur taktisch eingesetzt hat oder aber von der eigenen im Verlauf des Gesprächs gesteigerten Leidenschaft mitgerissen wurde. Auch möglich ist es, dass er weiß, dass seine politischen Ideen verfrüht sind, jedoch es nicht erwarten kann, diese umzusetzen. Die Behauptung, dass seine Ideale noch nicht ausführbar sind, stellt also mitnichten eine Unwahrheit dar und auch nicht nur eine Taktik, um den König in Sicherheit zu wiegen, sondern zeigt vielmehr, dass er zum einen realistisch ist, aber auch vom Gegenstand seines Gedankenguts mitgerissen wird und seine Ideen leidenschaftlich vertritt und umsetzen will, was wiederum seine idealistische Seite zeigt.

Für Posa ist die Audienz der Versuch eine Revolution von oben durchzuführen, indem er den Monarchen von seinen Idealen zu überzeugen sucht. Der König aber hat den Umstand, dass er einen Vertrauten und Gehilfen in seinen familiären und Herzensangelegenheiten braucht, während des Gespräches nicht vergessen, weshalb er des Marquis´ Hilfe verlangt: „Dränget euch zu meinem Sohn, erforscht das Herz der Königin" (Vers 3347). Posa, der schon zuvor inbrünstig seine Unabhängigkeit verteidigt hat („Ich kann nicht Fürstendiener sein" Vers 3023, 3066), wird somit in die königlichen Intrigen hineingezogen. Da es jedoch, an seinen politischen Ambitionen gemessen, unklug wäre, den Auftrag und damit das Vertrauen des Königs, abzulehnen, lässt Posa sich zum Schein darauf ein.

Jedoch hintergeht er damit nicht nur den König, sondern auch seinen Freund Karlos, den er nicht einweiht und den er nach wie vor nach seinen politischen Zielen zu lenken versucht. Hier zeigt sich, dass Posa ohne Rücksicht auf Freundschaft und entgegengebrachtes Vertrauen seine politischen Ideen verfolgt.

Im Gespräch des Marquis mit der Königin merkt der Leser, dass Posa sich die Liebe Karlos´ zur Königin zu Nutze machen will, indem diese Karlos das Wohl Flanderns ans Herz legen solle. Posa sagt selbst, die Königin solle ihn „tätiger machen und entschlossener" (Vers 3452).

Auch wenn seine politischen Ziele fortschrittlich und gut gemeint sind, so degradiert er die Personen, die ihm vertrauen, zu Werkzeuge seiner Pläne. Dem Interesse, der Menschheit persönliche Freiheit zu verschaffen, ist alles andere untergeordnet, die Freundschaft mit Karlos, die Verehrung für die Königin und das Vertrauen, dass der König dem Marquis entgegenbringt.

Während der König Posa zu seinem Vertrauten ernannt hat und in seinen „Engel" (Vers 3897) nennt, geht Posa mit folgenden Worten über dieses Vertrauen hinweg: „Was kann ich auch dem König sein? – In diesem starren Boden blüht keine meiner Rosen mehr" (Vers 4317). Er beurteilt selbst Menschen, denen er Verständnis und Sympathie entgegenbrachte nur nach dem Nutzen, den sie für seine politischen Zwecke haben. Da der Marquis erkennt, dass der König ihn in der Audienz nur hat ausreden lassen aufgrund der Suche eines Vertrauten und, weil er von der Persönlichkeit des Marquis angetan war, lässt der Marquis ihn fallen und verachtet ihn sogar, was aus seiner Ausdrucksweise hervorgeht: „in diesem starren Boden…" (S.o.). Posa benutzt Menschen wie Werkzeuge, die man fallen lässt, wenn sie sich als nicht mehr brauchbar herausstellen.

Dass es falsch war, Karlos nicht in seine neue Stellung am Hof einzuweihen, erkennt Posa kurz vor seinem Tod in seinem letzten Gespräch mit Karlos: „Schwer habe ich gefehlt. Ich weiß es" (Vers 4165).

Der Marquis glaubte, alles genau durchdacht zu haben, doch seine Pläne scheiterten durch Zufälle und Missverständnisse: „Wer ist der Mensch, der sich vermessen will des Zufalls schweres Steuer zu regieren? Und doch nicht der Allwissende zu sein?" (Vers 4225). Hier erkennt Posa, dass er sich überschätzt hat, dass er zu größenwahnsinnig war, auch wenn seine Ziele gut waren.

Am Ende bleibt Posa nur das Selbstopfer, indem er den Verdacht einer unerlaubten Beziehung zu Königin auf sich selbst lenkt, um Karlos zu entlasten. Obwohl er unlautere Mittel und Intrigen nutze, schreckt er nicht davor zurück, sich selbst zu opfern, was seinen menschlichen Adel ausmacht. Doch bleibt hier der Verdacht zurück, den die Königin gegenüber dem Marquis wie folgt formuliert: „Sie stürzten sich in diese Tat […] Sie haben längst danach gedürstet […] Sie haben nur um Bewunderung gebuhlt" (Vers 4383-4386). Da

Posa erkannt hat, dass seine Pläne gescheitert sind und der für seine Ziele nichts mehr ausrichten kann, hat er den Tod möglicherweise nicht als Opfer für Karlos aus sich genommen, sondern um glorreich zu sterben, als Märtyrer für seine Ideen.

Die Träume des Menschenglücks sind der Freundschaft zwischen Karlos und Posa erwachsen und Posa lässt kurz vor seinem Tod dem Freund durch die Königin übermitteln: „Sagen Sie ihm, dass er für die Träume seiner Jugend soll Achtung tragen, wenn er Mann sein wird" (Vers 4290). Diese Träume nicht zu verraten, gleichzeitig aber auch den einzelnen Menschen zu achten, ist woran der Marquis scheitert.

Mit der Figur des Marquis Posa hat Schiller (drei Jahre vor der französischen Revolution) Kritik an der revolutionären Moral geübt. Posa liebt die Menschheit, doch selbstverliebt begeistert er sich an seinen Taten. Selbstverständlich liebt er auch seinen Freund Prinz Karlos, doch sieht er in ihm auch die Person, die seine Ziele als Thronfolger später ausführen kann. Somit liebt er Karlos als Werkzeug, als Gegenstand, in den er seine Hoffnung setzt und vor allem stellvertretend für die Menschheit: „In meines Karlos Seele schuf ich ein Paradies für Millionen" (Vers 4260). Die Liebe zur Menschheit verdrängt die Liebe zum Einzelnen, damit aber auch den Respekt vor dem Einzelnen, was ihn die Menschen, die er liebt, benutzen lässt. Marquis steht hier für die von Schiller kritisierte revolutionäre Moral, die fordert, dass der Mensch sich selbst zu Zwecke werden soll, im Gegenzug aber, und hier liegt die Kritik, macht die Revolution sich den Menschen zum Mittel ihrer Zwecke.

Zusammenfassend lässt sich sagen, dass Posa, als der Fädenzieher des Stücks, für den aufklärerischen und revolutionären Geist steht. Er verliert durch die Verwendung von Intrigen und unlauterer Mittel an moralischer Vorbildlichkeit, für die er eigentlich stehen will, womit Schiller in Posa vorausschauend den Schrecken und Terror der französischen Revolution prophezeit und kritisiert.

Verwendete Ausgabe: Friedrich Schiller. Don Karlos. Reclam Verlag. 2008